Salmos dos pequeninos

Título original da obra: I SALMI DEI BAMBINI
© Figlie di San Paolo, 1991, Milano

Tradução e adaptação: M. T. Voltarelli
Revisão de texto: Mônica Guimarães Reis

Revisado conforme a nova ortografia.

13ª edição – 2011
6ª reimpressão – 2022

Nenhuma parte desta obra poderá ser reproduzida ou transmitida por qualquer forma e/ou quaisquer meios (eletrônico ou mecânico, incluindo fotocópia e gravação) ou arquivada em qualquer sistema ou banco de dados sem permissão escrita da Editora. Direitos reservados.

Paulinas

Rua Dona Inácia Uchoa, 62
04110-020 – São Paulo – SP (Brasil)
Tel.: (11) 2125-3500
http://www.paulinas.com.br – editora@paulinas.com.br
Telemarketing e SAC: 0800-7010081

© Pia Sociedade Filhas de São Paulo – São Paulo, 1995

PELA MANHÃ, QUANDO ME LEVANTO,
EU REZO ASSIM:

Glória ao Pai, ao Filho e ao Espírito Santo,
como era no princípio, agora e sempre.
Amém.

Meu Deus,
a você toda a glória e o louvor para sempre.
Eu louvo também o seu nome santo e glorioso.

Louve o Senhor tudo o que ele criou.
E vocês, anjos do céu, louvem também
o Senhor para sempre.

Sol e Lua, louvem o Senhor.
Estrelas do Céu, louvem o Senhor.

Chuva e orvalho, louvem o Senhor.
Ventos todos, louvem o Senhor.

Fogo e calor, louvem o Senhor.
Frio e ardor, louvem o Senhor.

Orvalho, geada e neve, louvem o Senhor.
Luz e trevas, louvem o Senhor.
Relâmpagos e nuvens, louvem o Senhor.

Terra, louve o Senhor.
Montanhas e colinas, louvem o Senhor.
Fontes, mares e rios, louvem o Senhor.
Tudo o que vive nas águas, louve o Senhor.

Aves do céu, louvem o Senhor.
Animais selvagens e domésticos,
louvem o Senhor.
Homens, mulheres e crianças, louvem o Senhor.

(do livro de Daniel - Cântico dos três jovens.)

Meu Deus,
obrigado por este novo dia tão lindo!
Quero oferecer-lhe cada ação,
cada pensamento, e toda a minha pessoa.
Fique pertinho de mim até a noite,
e até que amanheça o novo dia.
Amém.

À NOITE, ANTES DE DORMIR, EU REZO ASSIM:

Meu Deus,
eu amo você, de todo o meu coração.
Eu quero dizer-lhe "muito obrigado"
porque você me criou, me fez receber
o Batismo e me protegeu durante este dia
que está acabando.

Peço-lhe que me perdoe
todas as coisas erradas que fiz,
e aceite toda ação boa que pratiquei.

Cuide de mim, meu Deus, enquanto eu estou
dormindo, e livre-me de todo perigo.
A sua graça esteja sempre comigo
e com todas as pessoas que eu amo.
Amém.

Pai do céu,
tome conta deste seu filho.
Eu sei que você é meu Deus.
Sem você, que seria de mim?
Nas suas mãos está a minha vida.

Eu quero louvá-lo,
porque você sempre cuida de mim.
Até durante a noite meu coração
se lembra de você.
Também durante o dia
eu penso sempre em você.
Com você pertinho de mim,
eu não tenho medo de nada.
É por isso que meu coração
está sempre contente,
e até o meu corpo repousa tranquilo.

(do Salmo 16)

*Meu Deus,
eu lhe agradeço por mais este dia e por todas
as coisas bonitas que eu vi e aprendi.*

*Antes de adormecer,
eu lhe peço por todas as pessoas que sofrem,
e também por aquelas que, esta noite, vão ficar
trabalhando e não podem dormir.*

*Proteja a todos, meu Deus,
e conforte-os com a sua presença.*

ANTES DAS REFEIÇÕES, EU REZO ASSIM:

Abençoe-me, Senhor.
e também o alimento que vamos tomar.
E não se esqueça de todos aqueles
que não têm nada para comer.

Meu Deus,
você faz brotar as fontes,
e eis que as águas correm
nos vales e nos montes.

Elas dão de beber a todos
os animais selvagens.
E as aves do céu cantam,
escondidas entre os ramos das árvores.

O Senhor faz brotar capim para os animais.
O Senhor dá alimento ao homem
e também o vinho para alegrar seu coração.

Todos os seres vivos esperam do Senhor
o próprio alimento, no tempo certo.
O Senhor abre, generosamente, a mão
e todos se saciam de seus bens.

(do Salmo 104)

Meu Deus,
muito obrigado por todas
as pessoas que trabalharam
para eu ter esta comida.
Mude o coração das pessoas ricas
para que elas não desperdicem
o alimento que têm em grande quantidade.
Ensine a todos a tirar da própria mesa
alguma coisa para dar aos pobres
que não têm nem o necessário para viver.
Amém.

ANTES DE FAZER MINHA TAREFA DA ESCOLA,
EU REZO ASSIM:

Se Deus não constrói a casa,
em vão os pedreiros trabalham e se cansam.

Se Deus não protege a cidade,
em vão, vigiam os guardas.

É inútil que vocês levantem muito cedo
e se deitem muito tarde,
a fim de conseguir alimento
com duros trabalhos.
Porque os amigos de Deus receberão dele
o pão e todos os outros bens,
mesmo enquanto dormem.

(do Salmo 127)

Meu Jesus querido,
quero que você me dê inteligência
para eu poder
conhecer todas as coisas bonitas
que Deus fez para nós.
Preciso de sua ajuda, porque,
quando eu crescer, vou trabalhar
e, assim, ajudar muitas pessoas.
Eu lhe peço também
por minha professora
que me ensina tantas coisas bonitas
e tem muita paciência com seus alunos.
Amém.

QUANDO ESTOU EM APUROS, EU REZO ASSIM:

Santo anjo do Senhor,
meu cuidadoso guarda,
se a ti me confiou a bondade divina,
sempre me guie, oriente e cuide de mim.
Amém.

Levanto os olhos para o céu.
Quem poderá me ajudar?
Minha ajuda vem do Senhor
que fez o Céu e a Terra.

Ele não dorme nem cochila,
mas fica sempre olhando para mim.
Ele protege a minha vida.

Quando eu saio e quando eu volto,
ele está sempre pertinho de mim.

(do Salmo 121)

Senhor,
eu tenho muita sorte de ter um amigo
como você, porque você fica sempre
bem pertinho de mim.
Com você eu não tenho medo de nada
e nenhum acontecimento me deixa triste.
Ajude também as pessoas
que estão viajando,
trabalhando ou estão fazendo
coisas difíceis e até perigosas:
os bombeiros, os guardas,
os que constroem estradas...
Amém.

QUANDO ESTOU COM MEUS AMIGOS,
EU REZO ASSIM:

Como é bom ficarmos todos juntos
como irmãos, como amigos!
É tão gostoso como o perfume em meu corpo.
É tão suave como o orvalho
que cai das árvores.

É Deus
quem nos dá todas
as coisas boas
e também a vida
para sempre.

(do Salmo 133)

*Obrigado, Jesus,
por você ter colocado no coração das pessoas
a vontade de viverem juntas e de se ajudarem.
Eu lhe agradeço por todos aqueles que sabem
ser amigos de verdade.*

Muito obrigado, Jesus,
pela minha escola, pelos jardins públicos
onde as crianças podem
se encontrar e brincar juntas.
Obrigado também pelas fábricas,
pelos escritórios, pelos supermercados,
pela igreja onde a gente se reúne
para rezar e louvar a Deus.
Senhor,
coloque no coração das pessoas
o desejo de querer ficar juntas,
porque ninguém se sente bem,
quando está sozinho.
Amém.

QUANDO ESTOU CONTENTE, EU REZO ASSIM:

Louvem ao Senhor Deus, nações todas,
e o glorifiquem todos os povos,
porque é grande seu amor para conosco
e sua fidelidade dura para sempre.

(do Salmo 117)

Louvem o Senhor,
porque ele faz coisas maravilhosas.
Louvem-no porque ele é grande e poderoso!
Louvem a Deus com o violão e o tambor.
Todas as pessoas da Terra louvem o nosso Deus!

(do Salmo 150)

Estou muito contente, meu Deus,
porque sou seu filho
e você é o meu Deus,
meu Pai e meu Criador.

Você é a fonte de minha alegria,
porque tudo o que é alegre vem de você.
Eu fiquei de bem com minha
coleguinha da escola.
Eu pedi perdão para ela,
e ela também pediu perdão para mim.
Como estou contente, Jesus!
Passei um domingo muito alegre
com meus irmãos e meus pais,
na casa da vovó.
Na escola aprendi muitas coisas bonitas.
Minha professora levou-nos
para brincar no jardim.
Jesus, como me sinto feliz!

QUANDO QUERO PEDIR PERDÃO,
EU REZO ASSIM:

Tenha pena de mim, meu Deus,
porque você me ama!
Por sua grande bondade,
apague as minhas faltas.

Liberte-me de todos os meus erros,
e purifique-me de todo meu pecado!

Eu pequei contra você,
agi contra a sua vontade.
Livre-me do meu pecado.
Lave-me e ficarei mais branco do que a neve.

(do Salmo 51)

Deus é bom e compassivo,
ele não fica zangado a todo momento,
porque nos ama muito.
Ele não guarda raiva.
Ele se esquece dos nossos pecados.
Como um pai é bom para seus filhos,
assim Deus é bom com seus amigos.

(do Salmo 103)

Ó Jesus,
eu lhe peço perdão por todas as vezes
que eu pensei só em mim
e nos meus interesses.
Eu lhe peço perdão de todo o coração.
Permaneci cego, surdo e mudo
diante das necessidades dos outros.
Faz-me sentir como é bom ser perdoado,
e como é importante que eu saiba
perdoar também, para ser seu amigo.
Amém.

QUANDO CONTEMPLO A NATUREZA,
EU REZO ASSIM:

Senhor, meu Deus,
você merece todo louvor,
porque você cuida da terra e dela faz brotar
verduras, legumes e frutas
para servir de alimento
para as pessoas e os animais.
Você prepara a terra assim:
regando os sulcos com as águas das chuvas
e amolecendo a terra com chuviscos
para que as sementes possam brotar.

As colinas se enfeitam de alegria.
Os campos ficam cheios de bois,
de vacas, de cavalos e de ovelhas.
Os vales se vestem de espigas
de trigo e de milho.
E tudo grita de alegria: Deus é bom!

(do Salmo 65)

Meu Deus e Criador,
você fez bem todas as coisas!
Como é bonito o céu azul, sem nuvens!
Isto me deixa tão contente
que eu sinto vontade de cantar.

Como é bela a noite
com a Lua e as estrelas!
Diante dessa beleza,
eu me sinto muito pequeno.
Como são lindos os montes
cheios de árvores!
Como é bonito o mar com suas ondas
branquinhas e espumejantes!
Tudo foi feito por você,
meu Deus e Criador.
Por isso, tudo canta em seu louvor.

Meu Deus,
você nos deu este mundo tão lindo.
Mas muitas vezes
não fazemos caso disso,
e até estragamos o que você fez por nós.

Quero pedir-lhe perdão,
meu bom Pai do céu,
por todas as vezes que os seres humanos
estragarem as coisas que você criou.
Ajude-nos a entender que as plantas,
os mares, os montes, os animais
são riquezas que você nos deu.
Por isso, não podem ser desperdiçadas.

Ilumine, meu Deus,
todos aqueles que descobrem
os segredos da natureza
para tornar este mundo sempre melhor.

QUANDO FICO DOENTE, EU REZO ASSIM:

Ó meu Deus,
tem pena de mim e livre-me desta doença...
A dor me tira as forças.
Passo as noites sem poder dormir.
Escute, Senhor, este meu pedido de socorro!

(do Salmo 6)

Senhor, eu chamo por você,
venha logo socorrer-me e ajudar-me.
Ouça a minha voz, quando eu o invoco.
Minha oração seja como o perfume
que sobe até o seu trono.
Pela manhã e à tarde,
levanto para você as minhas mãos em prece.

(do Salmo 141)

Senhor meu Deus,
eu lhe peço: cure-me desta doença.
Com febre, eu não posso fazer nada:
não tenho vontade de fazer
meus deveres de escola,
nem de rezar, nem mesmo de brincar.

Querido Jesus,
console todas as pessoas que sofrem:
aquelas que são idosas e vivem sozinhas,
os favelados, as crianças de rua,
os aleijados, os drogados,
os presos, os doentes...

*Mas, hoje, quero pedir também
por todas as pessoas que estão com saúde:
faça com que elas entendam
que a saúde é um presente precioso
de Deus: por isso, deve ser conservada
e colocada a serviço dos que estão doentes.
Amém.*

QUANDO DESEJO FICAR UM POUCO
COM JESUS, EU REZO ASSIM:

Senhor,
você é o meu Deus!
Seu amor por mim é a maior riqueza
que eu possuo.
Quero louvá-lo todos os dias de minha vida,
e, de braços levantados para o céu,
quero invocar o seu nome.
Assim, ficarei satisfeito como depois
de uma festa.
Muito alegre, vou cantar um hino
para lhe agradecer.

(do Salmo 62)

Como a cerva procura no riacho
um pouco de água
para saciar sua sede,
assim eu procuro você, meu Deus.
Sinto-me feliz em sua presença.

(do Salmo 42)

Meu querido Jesus, às vezes, quando passo
em frente de uma igreja, entro e fico
um pouco com você.
Lá dentro, tudo é silêncio e paz!

Hoje também eu vim aqui
e percebo que você está presente
como está presente em meu coração.

Eu sei que você está em todo lugar.
Mas, na igreja, eu me sinto bem.
Fico olhando para você: não preciso dizer-lhe
nada, porque você fica olhando para mim
e sabe de tudo o que eu preciso.

Senhor Jesus, eu não o estou vendo
com estes meus olhos.
Mas acredito que você está aqui, está
dentro de mim e dentro de todas as pessoas.
Ensine-me a rezar.
Seja você o meu guia para eu saber
o que devo fazer.
Amém.

QUANDO ESCUTO A PALAVRA DE DEUS,
EU REZO ASSIM:

Gosto muito de sua Palavra,
Senhor, meu Deus!
Ela está contida na Bíblia.
Ela é a minha delícia:
parece mais doce do que o mel.

Sua Palavra
é como uma luz que clareia o meu caminho.

Eu lhe prometo, meu Deus:
vou fazer tudo o que você me fala na Bíblia.
Os seus ensinamentos são maravilhosos!
Quero praticá-los, de todo o coração.
Quem escuta ou lê a sua Palavra, Senhor,
sabe bem tudo o que deve fazer.
Até as pessoas mais simples a entendem.

Senhor meu Deus,
cuide sempre de mim
e de todas as pessoas do mundo.
Oriente os nossos passos
e instrua-nos com os seus ensinamentos.
Eu fico muito triste
quando sei que alguém
não pratica o que você diz na Bíblia.

(do Salmo 119)

*A sua palavra é muito bonita,
Senhor meu Deus!
Ela é bem diferente de todas as palavras
que eu escuto durante o dia:
na escola, em casa, na rua e na televisão.*

A sua palavra, Senhor, não é fácil de entender:
por isso, preciso que você me ajude
a entendê-la e a praticá-la.
Sua palavra nos diz tudo
o que você fez por nós.
Ela nos diz também como podemos amá-lo
e amar as outras pessoas.
Amém.

QUANDO EU VEJO ALGUÉM SOFRENDO,
EU REZO ASSIM:

Senhor, meu Deus,
por que você fica tão longe de nós?
Por que você se esconde,
quando tudo parece duro e difícil?
Venha logo ajudar os pobres
e todas as pessoas que sofrem.

Você vê o sofrimento deles.
Eu sei que você quer ajudá-los.
Todos os que sofrem, confiam em você.
Senhor meu Deus,
atenda os pedidos dos pobres e sofredores,
dê a todos muita coragem,
e defenda os direitos deles.

(do Salmo 10)

Jesus,
esta tarde, estou muito triste e com medo.
Por que existe no mundo tanta maldade,
tanta violência,
tanto sofrimento?
Sequestraram mais uma pessoa.
Muitos morreram naquele desastre de avião!
Muitos outros morreram no terremoto.
Por que tanta dor, tanta tristeza?
Estou aqui para pedir por todos:
escute o meu pedido!

*Senhor meu Deus, eu sei que você
não abandona o mundo,
e continua a amar os homens.
Sei também que você quer
que eles escutem a sua voz.
Sei que você fica pertinho daqueles
que choram,
daqueles que sofrem, daqueles
que estão morrendo,
para ir viver a vida que não tem fim.*

NO DIA DO MEU ANIVERSÁRIO, EU REZO ASSIM:

Meu Deus,
você me formou no ventre de minha mãe.
Por isso eu quero louvá-lo:
sou uma maravilha de seu amor.
Muito obrigado, meu Pai e Criador!
Tudo o que você fez por nós
é muito lindo e bom.

Eu ainda nem tinha nascido
e você já estava me vendo
no ventre de minha mãe.
Meus dias estão todos escritos no seu livro.
Guie meus passos no caminho do bem,
meu Deus,
agora e sempre.

(do Salmo 139)

Neste dia,
meu Pai do céu,
quero lhe agradecer
porque você me deu o papai e a mamãe.
Eles me deram a vida e também
um nome e uma família.
Eles cuidam de mim com muito carinho:
trabalham o dia inteiro
para que nada me falte.
Por estes meus pais tão bons,
hoje lhe digo, Senhor,
muito obrigado!

Eu lhe peço:
deixe meus pais viverem muitos anos ainda.
Obrigado também por meus irmãos, irmãs,
vovô, vovó, tios, tias e primos.
Abençoe, todas as crianças
que não têm pai nem mãe.
Que elas possam encontrar alguém
que as ame e cuide delas.

QUANDO QUERO AGRADECER A DEUS,
EU REZO ASSIM:

Fique alegre, ó minha alma:
tudo o que há em mim
louve o nome do Senhor!

Fique alegre, ó minha alma:
não se esqueça dos benefícios
que dele você recebeu.

(do Salmo 103)

Louvem o Senhor,
todos vocês que são seus amigos!
Louvem o seu santo nome, porque é glorioso!
Agradeçam o Senhor, hoje e sempre.
Do Oriente ao Ocidente
todos os povos louvem o Senhor!

(do Salmo 113)

Muito obrigado,
meu bom Pai do Céu,
pelas flores tão lindas que nos alegram
com suas múltiplas cores e com o seu perfume!

Obrigado pelos passarinhos
que também nos alegram
com seus cantos maravilhosos.

Obrigado pelo ventinho da tarde
que refresca o ar quente do verão!
Obrigado pelo sorriso das crianças
e também de todas as
pessoas que me querem bem!
Quero emprestar minha voz
a todas as criaturas
que não têm voz, a todos aqueles que não
querem ou se esquecem de agradecer.

ÍNDICE

Pela manhã, quando me levanto, eu rezo assim: 3

À noite, antes de dormir, eu rezo assim: 12

Antes das refeições, eu rezo assim: 16

Antes de fazer minha tarefa da escola,
eu rezo assim: 20

Quando estou em apuros, eu rezo assim: 22

Quando estou com meus amigos, eu rezo assim: 26

Quando estou contente, eu rezo assim: 30

Quando quero pedir perdão, eu rezo assim: 32

Quando contemplo a natureza, eu rezo assim: 36

Quando fico doente, eu rezo assim: 40

Quando desejo ficar um pouco com Jesus,
eu rezo assim: 44

Quando escuto a palavra de Deus, eu rezo assim: 48

Quando eu vejo alguém sofrendo, eu rezo assim: 52

No dia do meu aniversário, eu rezo assim: 56

Quando quero agradecer a Deus, eu rezo assim: 60